城市公共汽电车运营安全生产监督检查指导手册

交通运输部运输服务司　审　　定

交通运输部科学研究院　组织编写

人民交通出版社股份有限公司

北　京

内 容 提 要

本书由行业管理机构内部综合安全监管、行业管理机构对企业的安全监督检查要求与检查流程、安全生产监督检查指导表三部分构成,供各级行业管理机构对交通运输企业进行安全生产检查、上级行业管理机构部门对下级行业管理机构安全生产工作履职情况检查时参考。

图书在版编目(CIP)数据

城市公共汽电车运营安全生产监督检查指导手册/交通运输部科学研究院组织编写. —北京:人民交通出版社股份有限公司,2023.1

ISBN 978-7-114-18300-3

Ⅰ.①城⋯ Ⅱ.①交⋯ Ⅲ.①公共汽车—旅客运输—交通运输安全—安全管理—中国—手册②电车—旅客运输—交通运输安全—安全管理—中国—手册 Ⅳ.①U492.4-62

中国版本图书馆 CIP 数据核字(2022)第 197897 号

Chengshi Gonggong Qidianche Yunying Anquan Shengchan Jiandu Jiancha Zhidao Shouce

书   名:**城市公共汽电车运营安全生产监督检查指导手册**
著 作 者:交通运输部科学研究院
责任编辑:姚 旭
责任校对:孙国靖 宋佳时
责任印制:刘高彤
出版发行:人民交通出版社股份有限公司
地   址:(100011)北京市朝阳区安定门外外馆斜街 3 号
网   址:http://www.ccpcl.com.cn
销售电话:(010)59757973
总 经 销:人民交通出版社股份有限公司发行部
经   销:各地新华书店
印   刷:北京建宏印刷有限公司
开   本:880×1230 1/32
印   张:4.125
字   数:88 千
版   次:2023 年 1 月 第 1 版
印   次:2024 年 9 月 第 3 次印刷
书   号:ISBN 978-7-114-18300-3
定   价:20.00 元
(有印刷、装订质量问题的图书,由本公司负责调换)

前 言

为深入贯彻落实习近平总书记关于安全生产的重要指示精神,推进行业安全生产监督检查工作系统化、规范化、标准化,以提升行业安全生产治理能力为目标,以规范行业安全检查为落脚点,交通运输部运输服务司组织交通运输部公路科学研究院、交通运输部科学研究院、长安大学编写了《道路运输安全生产监督检查指导手册》(以下简称《指导手册》)。

《指导手册》为道路运输安全生产监督检查人员应知应会的工具书,重点解决行业管理"不会管、不想管、不敢管、不知道怎么管"的问题,既能用于各级行业管理机构对交通运输企业的安全生产检查,也能用于上级行业管理机构对下级行业管理机构安全生产工作履职情况的检查。

《指导手册》有利于统一检查标准和要求,通过细化各领域的检查内容和要求,避免检查单位或个人依据经验开展检查工作可能存在的盲区和漏洞;有利于规范检查程序,通过明确检查程序和检查方法等,指导检查人员有目标、有步骤、有内容地开展检查,切实落实检查的各项工作要求;有利于突出检查重点,通过行业各业务领域的检查要点,指导检查人员更有针对性地选择检查对象和内容,突出重点,提高效率;有利于推动行业安全监管责任落实,通过明确各项检查内容的检查依据、处罚依据等,指导检查人员依法依规开展检查,落实行业监管责任;有利于企业明确行业监管重点,推动企业落实安全生产责任,提升安全管理水平。

希望《指导手册》的出版,能够促进提升道路运输安全生产监督检查工作水平,指导和推动企业进一步规范安全生产管理,落实好安全生产主体责任。

编写委员会
2022 年 8 月

目　录

第一部分　行业管理机构内部综合安全监管 ……… 1

第二部分　行业管理机构对企业的安全生产

　　　　　监督检查 …………………… 14

　第一章　检查总体要求 ……………… 15

　第二章　检查流程 ………………… 22

第三部分　城市公共汽电车运营企业安全生产监督

　　　　　检查指导表 …………………… 25

第一部分　行业管理机构内部综合安全监管

序号	监管职责	监 管 依 据	检 查 内 容	检查记录
1	制定安全生产权力和责任清单	《中共中央国务院关于推进安全生产领域改革发展的意见》 （八）严格责任追究制度。……依法依规制定各有关部门安全生产权力和责任清单，尽职照单免责、失职照单问责。……	通过资料审查的方式，检查行业管理机构是否制定安全生产权力和责任清单，清单是否向社会公开	
2	严格履行安全生产监管责任	《交通运输部关于进一步加强交通运输安全生产体系建设的意见》 （六）健全完善安全生产党政同责、一岗双责、齐抓共管、失职追责责任体系。重点监管和公开曝光安全生产事故（险情）、事故频发、重大风险管控和重大隐患整改不力、信用等级低的企业 专业监管，部门协同、网格管理的责任体系，规范履责行为。制定安全生产检查办法，编制检查手册，督查检查计划，采取随机抽查、明察暗访等方式，强化对部门安全监管履职情况和企业主体责任落实安全生产监管责任。重点监管和公开曝光安全生产事故（险情）、事故频发、重大风险管控和重大隐患整改不力、信用等级低的企业	1. 通过资料审查的方式，检查行业管理机构是否制定安全生产权力和责任手册，编制检查手册。 2. 通过随机抽查、明察暗访等方式，强化对部门安全监管履职情况，并对企业主体责任落实安全生产情（险）情、事故频发、重大安全生产事故（险）情、事故频发、重大风险管控和重大隐患整改不力、信用等级低的企业重点监管	

序号	监管职责	监 管 依 据	检 查 内 容	检查记录
3	加强安全生产执法	《交通运输部关于进一步加强交通运输安全生产体系建设的意见》 （十一）健全安全生产执法机制，严格规范公正文明执法，依法严格查处交通运输安全生产违法违规行为。健全与公安、海警、应急管理、市场监管等多部门及跨区域联合执法和协作机制，加强安全生产监管执法信息互通共享，创新执法模式，强化精准执法，加强执法监督，强化执法督察机制运行，依法依规处理执法人员违法违规行为	1.通过资料审查的方式，检查行业管理机构是否建立安全生产执法机制、多部门及跨区域联合执法和协作机制。 2.通过资料审查和抽查的方式，对交通运输安全生产违法违规、执法人员违法违规行为查处记录落实情况进行检查	

序号	监管职责	监管依据	检查内容	检查记录
4	保障安全管理工作与管理经费	《交通运输部关于进一步加强交通运输安全生产体系建设的意见》（二十）保障安全生产资金投入。推动地方交通运输管理部门加大资金投入、加强基础设施建设管养、监管执法车船与装备、应急设施装备与信息化投入力度，为公共交通运输装备及枢纽场站更新改造提供资金支持。各级交通运输管理部门将安全生产工作经费列入部门预算，专门用于交通运输安全生产工作，确保预算到位，专款专用。……	通过资料审查和抽查的方式，检查行业管理机构是否将安全生产管理工作经费列入部门预算，专门用于交通运输安全生产工作，确保预算到位，专款专用	

序号	监管职责	监管依据	检查内容	检查记录
5	组织开展安全生产监督检查	《中华人民共和国安全生产法》第六十二条 县级以上地方各级人民政府应当根据本行政区域内的安全生产状况，组织有关部门按照职责分工，对本行政区域内容易发生重大生产安全事故的生产经营单位进行严格检查。 应急管理部门应当按照分类分级监督管理的要求，并按照安全生产年度监督检查计划，进行监督检查，发现事故隐患，应当及时处理。 《城市公共汽车和电车客运管理规定》第五十一条 城市公共交通主管部门应当会同有关部门，定期进行安全检查，督促运营企业及时采取措施消除各种安全隐患	1. 通过资料审查的方式，检查行业管理机构是否制定安全生产年度监督检查计划，检查计划是否包括时间安排、主要事项、检查频次、履职方式和任务分工等内容，检查对象是否包括本行政区域内容易发生重大生产安全事故的城市公共汽电车运营企业。 2. 通过资料审查和抽查检查的方式，检查行业管理机构是否按照年度监督检查计划进行监督检查。 3. 通过资料审查的方式，检查行业管理机构是否下发检查通报、隐患整改通知书等，督促生产经营单位及时治理事故隐患	

序号	监管职责	监管依据	检查内容	检查记录
6	加强安全乘车和应急知识宣传	《中华人民共和国安全生产法》第十三条 各级人民政府及其有关部门应当采取多种形式，加强对有关安全生产的法律、法规和安全生产知识的宣传，增强全社会的安全生产意识	1.通过资料审查的方式，检查行业管理机构是否组织学习贯彻习近平总书记关于安全生产重要论述，是否集中开展学习教育，是否开展经常性、系统性宣传。 2.通过资料审查的方式，检查行业管理机构是否组织对重要的法律、法规、政策，涉及安全生产的新制修订的、涉及安全生产的法律、法规、政策、制度开展宣贯培训。 3.通过资料审查的方式，检查行业管理机构是否组织开展安全生产月活动、宣传城市公共汽电车行业安全生产相关法律、法规、政策、制度。 4.通过资料审查的方式，检查行业管理机构是否对安全监督管理人员进行安全管理知识轮训。 5.通过资料审查的方式，检查行业管理部门开展帮助或者主要负责人、安全生产管理人员的安全生产知识和管理能力考核	

序号	监管职责	监督依据	检查内容	检查记录
7	建立安全生产举报制度	《中华人民共和国安全生产法》第七十三条 负有安全生产监督管理职责的部门应当建立举报制度,公开举报电话、信箱或者电子邮件地址等网络举报平台,受理有关安全生产的举报;受理的举报事项经调查核实后,应当形成书面材料;需要落实整改措施的,报经有关负责人签字并督促落实。对不属于本部门职责,需要由其他有关部门进行调查处理的,转交其他有关部门处理。涉及人员死亡的举报事项,应当由县级以上人民政府组织核查处理。 《交通运输部关于进一步加强交通运输安全生产体系建设的意见》(四)健全完善安全生产举报制度,畅通举报渠道,充分发挥社会公众监督作用	1. 通过资料审查的方式,检查行业管理机构是否建立安全生产举报电话、信箱或者电子邮件地址等网络举报平台。 2. 通过资料审查和抽查的方式,检查行业管理审查机构是否按照规程序规定受理有关安全生产的举报;是否对举报事项进行了调查核实,形成书面材料;对需要落实整改措施的,是否督促落实;对不属于本部门职责的,是否及时移送有关部门处理;是否存在接到举报后不予取缔或者不依法予以处理的现象	

序号	监管职责	监管依据	检查内容	检查记录
8	落实安全生产监督管理层级责任	《交通运输部关于进一步加强交通运输安全生产体系建设的意见》 （六）严格履行安全生产监管责任。……制定安全生产检查办法，编制检查手册，落实年度监督检查计划，采取随机抽查、明察暗访等方式，强化对部门安全监管履职情况和企业主体责任落实情况检查。……	1. 通过资料审查的方式，检查行业管理机构是否落实城市公共汽电车安全生产的法律、法规、规章、政策，以及国家、上级管理机构有关安全生产工作部署。 2. 通过资料审查的方式，检查行业管理机构是否成立安全生产委员会、安全生产委员会主任是否由主要领导担任，是否至少每季度主持召开一次安全生产委员会会议，安全生产委员会会议是否对本部门安全生产重大事项决策进行研究部署。 3. 通过资料审查的方式，检查行业管理机构是否对下级管理机构开展监督检查、业务指导、目标考核等。	

序号	监管职责	监管依据	检查内容	检查记录
8	落实安全生产监督管理层级责任		4. 通过资料审查的方式，检查行业督管理机构是否建立安全生产责任制；是否对于未严格履行职责导致发生安全生产事故的，按照有关规定调查处理并严肃问责。 5. 通过检查企业安全生产主体责任的落实情况，检查行业督管理机构是否有效落实监督管理责任。	
9	制定生产安全事故应急救援预案，组织应急救援预案演练	《生产安全事故应急条例》 第五条 县级以上人民政府及其负有安全生产监督管理职责的部门和乡镇人民政府以及街道办事处等地方人民政府派出机关，应当针对可能发生的生产安全事故的特点和危害，进行风险辨识和评估，制定相应的生产安全事故应急救援预案，并依法向社会公布。	1. 通过资料审查的方式，检查行业管理机构是否制定城市公共电车客运突发事件应急预案，预案是否具有针对性，考虑了可能发生的各类生产安全事故；预案编制过程中，是否进行了风险辨识和评估，预案是否定期评估和更新；预案是否依法向社会公布。	

序号	监管职责	监管依据	检查内容	检查记录
9	制定生产安全事故应急救援预案,组织应急救援预案演练	第八条 县级以上地方人民政府以及县级以上地方人民政府负有安全生产监督管理职责的部门,乡、镇人民政府以及街道办事处等地方人民政府派出机关,应当至少每2年组织1次生产安全事故应急救援预案演练。 《城市公共汽车和电车客运管理规定》 第五十二条 城市公共交通主管部门应当会同有关部门制定应急预案,报城市电车客运突发事件应急预案,报城市人民政府批准。……	2.通过资料审查的方式,检查行业管理机构是否定期组织应急救援预案演练,至少每2年组织1次生产安全事故应急救援预案演练。 3.通过资料审查的方式,检查应急预案演练,检查行业管理机构是否对应急预案演练进行了总结和评估,是否根据演练情况完善应急预案	

序号	监管职责	监管依据	检查内容	检查记录
10	强化安全生产风险管控	《交通运输部关于进一步加强交通运输安全生产体系建设的意见》（十三）健全安全生产风险研判、决策风险评估机制，风险防控协同机制，风险防控责任机制。全面辨识安全生产系统性、区域性、多发性和偶发性重大风险，加强风险动态监测预警，落实管控责任和措施。……	1. 通过资料检查的方式，检查行业管理机构是否建立安全生产风险研判、决策风险评估，风险防控协同，及风险防控责任等机制。 2. 通过资料检查的方式，检查行业管理机构是否落实管控责任及措施，对风险动态进行监测预警。	
11	强化安全生产事故隐患排查治理	《交通运输部关于进一步加强交通运输安全生产体系建设的意见》（十四）……严格落实重大隐患治理督办、整改销号，实施重大隐患清零、一般隐患"减增量去存量"。……	通过资料检查的方式，检查行业管理机构是否落实重大隐患治理督办、整改销号，实施重大隐患清零、一般隐患"减增量去存量"等工作	

序号	监管职责	监管依据	检查内容	检查记录
12	安全生产事故报告和统计分析	《中华人民共和国安全生产法》第八十四条　负有安全生产监督管理职责的部门接到事故报告后，应当立即按照国家有关规定上报事故情况。负有安全生产监督管理职责的部门和有关地方人民政府对事故情况不得隐瞒不报、谎报或者迟报	1. 通过资料审查和抽查的方式，检查行业管理机构是否建立事故统计和报告制度，是否及时报送事故快报，每月是否按期报送事故月报。 2. 通过资料审查的方式，检查行业管理机构是否定期开展事故统计分析，编制季度、半年度、年度及重点时段的事故统计分析报告	
13	典型事故和重大风险事件教训吸取	《交通运输部关于进一步加强交通运输安全生产体系建设的意见》（八）严肃事故责任追究。建立事故责任追溯制度。企业生产经营全过程安全责任同责，对被追究刑事责任的生产经营者依法实施相应的职业禁入；发现社会服务机构和人员违法违规行为线索的，应及时移交有权处理的行业依法追究法律责任和依法实施相应的行业禁入；对瞒报、谎报、漏报、迟报事故的单位和人员依法依规追责。……	1. 通过资料审查的方式，检查行业管理机构是否建立事故（险情）技术原因深度调查督办制度，事故暴露问题整改督改制度，以及企业生产经营全过程安全责任追溯制度。	

序号	监管职责	监督依据	检查内容	检查记录
13	典型事故和重大风险事件教训吸取	（十五）……建立事故（险情）技术原因深度调查和剖析机制，深入剖析典型事故和重大险情发生原因。建立事故暴露问题整改督办制度，组织开展事故整改督改落实情况"回头看"，强化教训汲取。《中共中央国务院关于推进安全生产领域改革发展的意见》（十九）完善事故调查处理机制。……建立事故调查处理督办制度，事故暴露问题整改督改督办制度的地方政府和国务院有关部门要组织开展评估，及时向社会公开，对履职不力、整改措施不落实的，依法依规严肃追究有关单位和人员责任。……	2.通过资料审查和抽查企业的方式，检查行业管理单位是否对事故发生单位的整改措施是否落实进行监督检查，督办指导。3.通过资料审查和抽查管理机构是否积极落实事故整改措施，完善相关制度标准，是否组织开展事故"回头看"活动	

第二部分　行业管理机构对企业的安全生产监督检查

第一章　检查总体要求

一、检查名录库

交通运输主管部门及交通运输综合执法机构(以下统称行业管理机构)应当按照职责分工和权限范围承担相应的城市公共汽电车运营安全生产监督管理工作。

市级行业管理机构应当按照职责分工,建立健全与抽查事项相对应的检查对象名录库和检查人员名录库(统称"两库")并进行动态管理。可以根据需要吸收检测机构、科研院所、行业协会和专家学者等参与,建立技术专家名录库,为检查工作提供技术支持。

1. 检查对象名录库

行业管理机构应当通过行业管理平台等途径,采集并编制辖区内城市公共汽电车运营企业或单位名录库,按照经营规模和类别进行分类标注,明确重点监管企业名录库,并实现动态更新管理。

2. 检查人员名录库

行业管理机构应当建立检查人员名录库,按照岗位职责进行分类标注并实现动态更新管理。进入名录库的检查人员应包括所有相关的行政执法类公务员、持有执法门类为道路运政的交通运输行政执法证、具有行政执法资格的综合行政执法人员和从事日常监管工作的人员,能够严格按照职责权限和法定程序进行安全生产监督检查,并按规定参加上岗和在岗培训。

3. 技术专家名录库

省级交通运输部门应当牵头组织建立城市公共汽电车安全生产领域技术专家名录库，按照专家业务专长进行分类标注，并根据履职情况动态更新。

进入技术专家名录库的人员原则上应满足下列条件：

（1）熟悉城市公共汽电车运营安全生产法律、法规、规章、标准和规范等；

（2）具有城市公共汽电车运营安全管理经验；

（3）能够深入现场开展相关业务，具有较强的发现、分析和解决事故隐患的能力；

（4）无违法、重大违纪行为和不良信用记录；

（5）符合其他地方管理的要求。

二、检查分类

检查主要分为综合检查和专项检查。综合检查内容参见第三部分。专项检查内容可以从第三部分所列检查项目中挑选具体项目确定，也可以根据实际工作需求确定。

1. 综合检查

综合检查是指行业管理机构依据法定职权，按照检查计划对城市公共汽电车运营企业遵守安全生产法律、法规、规章，执行安全生产行政命令等情况进行全面了解、调查和监督的行为。

2. 专项检查

专项检查是指行业管理机构依据法定职权，在检查计划之外，针对发生一般及以上安全生产事故的，有被上级主管部门督查或者转办交办、投诉举报、数据网络监测、媒体曝光、其他部门抄告重大事故隐患或安全生产违法违规行为的，或者针对重大活动、重特大事故以及专项整治等活动安排,对城市公共汽电车运营企业遵守安全生产法律、法规、规章,执行安全生产行政命令等情况进行专项了解、调查和监督的行为。

三、检查计划

行业管理机构应当认真贯彻落实"安全第一、预防为主、综合治理"的方针,根据《中华人民共和国安全生产法》等有关法律法规和规章要求,结合辖区内安全生产工作实际,制定安全生产年度监督检查计划。

(一)基本要求

1. 检查计划制定要求

行业管理机构应当贯彻落实城市公共汽电车运营相关的国家、行业和地方法律、法规、标准和规范性文件,结合辖区内城市公共汽电车运营企业的安全生产基本情况、季节性因素、年度工作重点、安全生产监管职责权限、技术装备和经费保障等实际情况,制定安全生产年度监督检查计划,并按照规定进行公示、报同级人民政府或上一级交通运输主管部门备案后实施。

行业管理机构可以根据上级主管部门要求或者重特大事故教训开展检查计划之外的监督检查。

2. 检查计划内容

年度安全生产监督检查计划应包括检查人员、检查对象、检查内容、检查要求等内容;专项检查按照"双随机"抽查事项清单开展(含每个抽查事项的名称、抽查主体、抽查依据、抽查内容、抽查方式等内容)。

(二)分类分级管理

1. 基本要求

行业管理机构每年应当结合辖区内城市公共汽电车运营

企业的运营线路规模和经营范围,以及上一年度安全生产监督检查结果、事故发生情况、动态监控以及其他相关部门抄告信息等,对辖区内城市公共汽电车运营企业进行分类分级管理。其中,对涉及重大事故隐患以及发生一般及以上负有同等责任及以上安全生产亡人事故、违法违规及违章次数多、联网联控等信息化系统违法违规报警次数多以及信用等级为最低等级(或质量信誉考核等级为最低等级)的城市公共汽电车运营企业,应纳入重点监管企业名单,加大检查频次和要求。其他类型企业纳入常规监管企业名单。重点监管企业名单应按照要求进行公示,接受社会监督。

2. 检查频次

(1)属地行业管理机构对辖区内城市公共汽电车运营企业每年综合检查不少于1次。专项检查覆盖率和频次可结合实际工作需要确定。

(2)上级行业管理机构应当按照监管职责分工,定期对属地行业管理机构的安全生产监督检查活动进行督导,督导次数每年应不少于1次。其中,市级行业管理机构每年对区县级行业管理机构的督导应全覆盖,省级行业管理机构对市级行业管理机构的督导覆盖率应不小于50%。督导工作可以结合属地行业管理机构的安全生产监督检查结果开展,并视情对辖区内重点监管企业和常规监管企业分别安排不同频次和覆盖率的抽查,加大对重点监管企业的抽查比例。

四、检查工作要求

(一)检查方式

安全生产监督检查形式包括抽查、暗查、综合检查、专项检查、联合检查、设施设备监控等。检查方法包括资料审查、现场核查、座谈与询问等,内容如下。

(1)资料审查:通过查阅安全生产相关制度、实施记录、档案等资料,核查企业安全生产管理体系的完备性和有效性。

(2)现场核查:根据工作需要,随机或定点抽取一定数量的车辆、设备设施、人员等,现场核查企业在车辆、人员、设备、设施和安全生产管理方面的合规性和有效性。

(3)座谈与询问:通过现场交流和询问等方式,考查企业主要负责人、安全生产管理人员、关键岗位从业人员等人员对安全生产相关法规以及业务知识要求、安全操作技能以及突发事件应急处置的掌握程度。

各级行业管理机构可以单独实施安全生产监督检查,也可会同其他负有安全生产监督管理职责的部门实行联合检查,或者聘请技术专家参与检查,专家宜从技术专家库中抽选,或者在其法定权限内通过政府购买服务等方式委托具有能力的第三方服务机构实施检查,为履行安全生产监督管理工作提供专业技术支持,但不改变行业管理机构的监督管理责任。

(二)抽样方法

抽样方法按照"双随机(即随机抽取检查对象、随机选派执法检查人员)"抽查机制要求进行。具体抽样数量可以按照《计数抽样检验程序 第1部分:按接收质量限(AQL)检索的逐批检验抽样计划》(GB/T 2828.1—2012)的一次抽样方案一般检验水平Ⅰ进行简单随机抽样,总体数量与最低抽取样本数量见下表。

总体数量	样本数量	总体数量	样本数量
2 ~ 15	2	281 ~ 500	20
16 ~ 25	3	501 ~ 1200	32
26 ~ 90	5	1201 ~ 3200	50
91 ~ 150	8	3201 ~ 10000	80
151 ~ 280	13	10001 ~ 35000	125

凡涉及抽样检查的内容,安全生产监督检查人员对检查结果有疑问,或者认为检查事项风险较大时,可以扩大抽样比例,按照《计数抽样检验程序 第1部分:按接收质量限(AQL)检索的逐批检验抽样计划》(GB/T 2828.1—2012)一次抽样方案一般检验水平Ⅱ进行简单随机抽样,总体数量与最低抽取样本数量下表。

总体数量	样本数量	总体数量	样本数量
2 ~ 8	2	151 ~ 280	32
9 ~ 15	3	281 ~ 500	50
16 ~ 25	5	501 ~ 1200	80
26 ~ 50	8	1201 ~ 3200	125
51 ~ 90	13	3201 ~ 10000	200
91 ~ 150	20	10001 ~ 35000	315

(三)检查纪律

(1)安全生产监督检查人员、技术专家与被检查对象有利害关系的,应当回避。监督检查过程应当忠于职守,坚持原则,秉公执法,认真履行安全生产监督检查职责,正确行使安全生产监督检查职权。

(2)安全生产监督检查人员应当保守被检查单位的技术秘密和业务秘密,遵守被检查单位的有关规章制度,不得影响被检查单位的正常生产经营活动。

（四）检查记录

各级行业管理机构应当建立安全生产监督检查档案,并归档保存,保存期不少于3年。安全生产监督检查档案包括但不限于：

(1)安全生产年度监督检查计划；

(2)安全生产监督检查记录表；

(3)安全生产监督检查相关证据(包括图片、视频、书证等)；

(4)安全生产监督检查报告；

(5)事故隐患整改相关材料或行政处罚决定相关材料；

(6)受理举报情况记录(包括举报内容、调查核实情况、整改落实情况等)。

按照"谁检查、谁录入、谁公开"的原则,将抽查检查结果通过相关监管系统以及国家企业信用信息公示系统和全国信用信息共享平台等进行公示,接受社会监督。

第二章 检查流程

一、检查准备

（1）行业管理机构应当依据安全生产年度监督检查计划，制定安全生产监督检查工作方案，工作方案应包括检查对象、人员、时间、内容等。

（2）行业管理机构应当根据安全生产监督检查工作方案，成立监督检查组，并从检查人员名录库中抽调不少于 2 名监督检查人员，持有合法有效的监督执法证件。可以根据实际需要，聘请技术专家（宜从技术专家库中抽取）或者具有能力的第三方服务机构参与检查。

（3）监督检查组应当实行组长负责制，由 1 名监督检查人员担任组长，明确监督检查组职责分工，参照第三部分《城市公共汽电车运营企业安全生产监督检查指导表》编制安全生产监督检查记录表。

（4）监督检查组成员应当事先了解被检查单位相关信息，开展监督检查时，应当携带必要的文书和取证设备。综合检查宜提前 3 天告知被检查单位，专项检查可以根据实际需求，综合采用"四不两直""双随机一公开"等形式开展。

二、现场检查

（1）监督检查开始前，监督检查组应当向被检查单位说明检查目的和检查内容。执法人员应主动出示合法有效的执法证件。

（2）监督检查过程中应当有企业代表人员在场。

（3）监督检查人员按照安全生产监督检查工作方案实施监督检查，填写安全生产监督检查记录表，如实记录检查的时间、地点、内容、发现的问题及其处理情况等，保存提取的证据。

（4）进行监督检查时，监督检查人员不得影响被检查单位的正常生产经营活动，对涉及被检查单位的技术秘密和业务秘密，应当履行保密职责。

（5）监督检查结束后，应当向被检查企业通报监督检查情况，并就监督检查过程中发现的问题和检查意见，由监督检查人员和被检查单位负责人签字确认。被检查单位负责人拒绝签字的，监督检查人员应当将情况记录在案，并向实施监督检查的行业管理机构报告。

（6）对检查中发现的安全生产隐患，应当及时告知被检查单位，并督促被检查单位立即整改；对整改难度较大、需一定时间方能整改消除的安全生产隐患，应当下发安全生产隐患整改通知书限期整改。重大事故隐患排除前或者排除过程中无法保证安全的，应当责令从危险区域内撤出作业人员，责令暂时停产停业或者停止使用相关设施、设备；重大事故隐患排除后，经审查同意，方可恢复生产经营和使用。

（7）通过文字、影像（照相机、录音机、摄像机、执法记录仪、视频监控等记录设备）等记录形式，对监督检查过程进行记录，并归档保存。

三、检查结果处理

（一）安全生产隐患处理

（1）实施监督检查的部门和负有安全生产监督管理职责的

部门应当督促被检查单位在规定期限内完成安全生产隐患整改。

（2）实施监督检查的部门和负有安全生产监督管理职责的部门应当对被检查单位的整改措施、责任、预案的落实情况进行跟踪，督促被检查单位上报安全生产隐患整改情况报告，对已达到整改要求的隐患予以确认，对符合验收结论及验收程序的重大隐患予以销号。对未采取措施消除安全生产隐患的，责令立即消除或者限期消除；对拒不执行的被检查单位，依法做出行政处罚。

（二）违法违规行为处理

对检查中发现的安全生产违法违规行为，当场予以纠正或者要求限期改正；对依法应当给予行政处罚的行为，按照现有的法律、行政法规的规定和《交通运输行政执法程序规定》（交通运输部令 2019 年第 9 号）依法作出行政处罚，涉嫌治安管理和刑事犯罪的应当及时移交治安管理和司法机关。

第三部分　城市公共汽电车运营企业安全生产监督检查指导表

一、企业资质及基础管理检查事项

序号	检查事项	检查内容	检 查 依 据
1	资质条件	1.许可资质。 2.企业经营范围	【部门规章】《城市公共汽车和电车客运管理规定》 第十四条　城市公共交通主管部门应当根据规模经营、适度竞争的原则，综合考虑运力配置、社会公众需求、社会公众安全等因素，通过服务质量招投标的方式选择运营企业，授予城市公共汽电车线路运营权；不符合招投标条件的，由城市公共交通主管部门择优选择取得线路运营权的运营企业。城市公共交通主管部门应当与取得线路运营权的运营企业签订线路特许经营协议。 城市公共汽电车线路运营权实行无偿授予，城市公共交通主管部门不得拍卖城市公共汽电车线路运营权。运营企业不得转让、出租或者变相转让、出租城市公共汽电车线路运营权。

检查方法	检查标准	处罚依据及标准	检查记录
1.通过资料审查,检查企业是否获得线路运营权,并签署线路特许经营协议。 2.通过资料审查,检查企业实际经营活动是否符合线路特许经营协议的经营范围	1.工商营业执照经营范围涵盖城市公共汽电车运营。 2.企业应获得线路运营权,且不得转让、出租或者变相转让、出租城市公共汽电车线路运营权。 3.线路运营权在有效期内,授予的相关文件不存在失效、伪造、变造、被注销等无效情形。	【部门规章】《城市公共汽车和电车客运管理规定》 　　第六十条　未取得线路运营权、未与城市公共交通主管部门签订城市公共汽电车线路特许经营协议,擅自从事城市公共汽电车客运线路运营的,由城市公共交通主管部门责令停止运营,并处2万元以上3万元以下的罚款	

序号	检查事项	检查内容	检 查 依 据
1	资质条件	1. 许可资质。 2. 企业经营范围	第十五条　申请城市公共汽电车线路运营权应当符合下列条件： （一）具有企业法人营业执照； （二）具有符合运营线路要求的运营车辆或者提供保证符合国家有关标准和规定车辆的承诺书； （三）具有合理可行、符合安全运营要求的线路运营方案； …… 第十七条　城市公共汽电车线路特许经营协议应当明确以下内容： （一）运营线路、站点设置、配置车辆数及车型、首末班次时间、运营间隔、线路运营权期限等…… 在线路特许经营协议有效期限内，确需变更协议内容的，协议双方应当在共同协商的基础上签订补充协议

检查方法	检查标准	处罚依据及标准	检查记录
	4.线路运营权授予的相关文件中企业名称、地址与营业执照或组织机构代码证相符。 5.具有合理可行、符合安全运营要求的线路运营方案。 6.实际经营线路与经营范围相符合,不存在未经许可、超许可范围经营和非经营性从事经营性等情形		

序号	检查事项	检查内容	检查依据
2	安全生产责任制	1.安全生产责任制建立情况。 2.安全生产责任制档案管理。 3.安全生产责任制考核和奖惩情况	1.【法律】《中华人民共和国安全生产法》 第二十一条 生产经营单位的主要负责人对本单位安全生产工作负有下列职责： （一）建立健全并落实本单位全员安全生产责任制,加强安全生产标准化建设; …… 第二十二条 生产经营单位的全员安全生产责任制应当明确各岗位的责任人员、责任范围和考核标准等内容。 生产经营单位应当建立相应的机制,加强对安全生产责任制落实情况的监督考核,保证安全生产责任制的落实。 2.【部门规章】《城市公共汽车和电车客运管理规定》 第四十四条 运营企业是城市公共汽电车客运安全生产的责任主体。运营企业应当建立健全企业安全生产管理制度,设置安全生产管理机构或者配备专职安全生产管理人员,保障安全生产经费投入,增强突发事件防范和应急处置能力,定期开展安全检查和隐患排查,加强安全乘车和应急知识宣传

检查方法	检查标准	处罚依据及标准	检查记录
1.通过资料审查,检查企业是否制定完善的全员安全生产责任制文件。 2.通过资料审查,检查企业是否签订安全生产目标责任书。 3.现场抽取部分关键岗位人员,考查其对自身安全生产责任、目标的掌握情况	1.企业制定全员安全生产责任制,按要求公示,并明确各岗位的责任人员、责任范围和考核标准等内容。 2.主要负责人、安全生产管理人员、驾驶员、乘务员、其他从业人员等人员签订安全生产目标责任书。 3.现场核查主要负责人、安全生产管理人员、驾驶员、乘务员等关键岗位人员对其法定职责熟悉。	【法律】《中华人民共和国安全生产法》 第九十四条 生产经营单位的主要负责人未履行本法规定的安全生产管理职责的,责令限期改正,处二万元以上五万元以下的罚款;逾期未改正的,处五万元以上十万元以下的罚款,责令生产经营单位停产停业整顿……	

序号	检查事项	检查内容	检 查 依 据
2	安全生产责任制	1.安全生产责任制建立情况。 2.安全生产责任制档案管理。 3.安全生产责任制考核和奖惩情况	
3	安全生产管理制度	1.安全生产管理制度制定情况。 2.安全生产管理制度实施情况	1.【法律】《中华人民共和国安全生产法》 第二十一条　生产经营单位的主要负责人对本单位安全生产工作负有下列职责： …… (二)组织制定并实施本单位安全生产规章制度和操作规程。 2.【部门规章】《城市公共汽车和电车客运管理规定》 第四十四条　运营企业是城市公共汽电车客运安全生产的责任主体。运营企业应当建立健全企业安全生产管理制度，设置安全生产管理机构或者配备专职安全生产管理人员，保障安全生产经费投入，增强突发事件防范和应急处置能力，定期开展安全检查和隐患排查，加强安全乘车和应急知识宣传

检查方法	检查标准	处罚依据及标准	检查记录
	4.定期对全员安全生产责任制落实情况进行考核,有考核奖惩记录,并按照要求公示		
1.通过资料审查,检查企业是否制定并实施齐全的安全生产管理制度。 2.通过资料审查,检查企业是否对从业人员和相关人员进行安全生产管理制度的培训。	1.企业建立健全安全生产管理制度,制度内容应符合现行法律法规章的相关要求,可包括: (1)安全生产规章制度; (2)关键岗位和人员安全操作规程; (3)安全信息管理制度。	【法律】《中华人民共和国安全生产法》 第九十四条 生产经营单位的主要负责人未履行本法规定的安全生产管理职责的,责令限期改正,处二万元以上五万元以下的罚款;逾期未改正的,处五万元以上十万元以下的罚款,责令生产经营单位停产停业整顿。……	

序号	检查事项	检查内容	检 查 依 据
3	安全生产管理制度	1. 安全生产管理制度制定情况。 2. 安全生产管理制度实施情况	

检查方法	检查标准	处罚依据及标准	检查记录
3.现场核查部分关键岗位从业人员，考查其是否掌握相关安全生产管理制度	2.定期对安全生产管理制度进行更新修订，引用的法律法规和标准及时更新。 3.现场核查主要负责人、安全生产管理人员、驾驶员、乘务员等关键岗位人员制度贯彻实施和运行情况		

序号	检查事项	检查内容	检查依据
4	安全生产操作规程	1.安全生产操作规程制定情况。 2.安全生产操作规程执行情况	1.【法律】《中华人民共和国安全生产法》 第二十一条 生产经营单位的主要负责人对本单位安全生产工作负有下列职责: …… (二)组织制定并实施本单位安全生产规章制度和操作规程。 2.【部门规章】《城市公共汽车和电车客运管理规定》 第四十五条 运营企业应当制定城市公共汽电车客运运营安全操作规程,加强对驾驶员、乘务员等从业人员的安全管理和教育培训。驾驶员、乘务员等从业人员在运营过程中应当执行安全操作规程

检查方法	检查标准	处罚依据及标准	检查记录
1.通过资料审查的方式,检查企业是否制定并实施必要的安全生产操作规程。 2.通过资料审查的方式,检查企业是否对从业人员及相关人员进行安全生产操作规程培训。 3.现场核查部分关键岗位从业人员,考查其对安全生产操作规程的掌握情况,以及是否按照操作规程执行	1.企业建立健全并实施必要的安全生产操作规程,至少应包括:制定驾驶员行车操作规程、乘务员安全服务操作规程。 根据企业实际情况可制定:公共汽电车安全例检操作规程;运营监控与调度操作规程;运营安全突发事件操作规程;充电作业操作规程;加气、卸气作业操作规程;乘务管理员操作规程;其他关键岗位操作规程等。	【法律】《中华人民共和国安全生产法》 第九十四条 生产经营单位的主要负责人未履行本法规定的安全生产管理职责的,责令限期改正,处二万元以上五万元以下的罚款;逾期未改正的,处五万元以上十万元以下的罚款,责令生产经营单位停产停业整顿。……	

序号	检查事项	检查内容	检 查 依 据
4	安全生产操作规程	1. 安全生产操作规程制定情况。 2. 安全生产操作规程执行情况	

检查方法	检查标准	处罚依据及标准	检查记录
	2.企业对从业人员进行安全生产操作规程培训,并有完整的安全作业规程教育培训记录。 3.现场核查从业人员,询问其掌握作业规程规定的作业程序及相关内容。 4.相关区域是否有安全作业警示标识		

序号	检查事项	检查内容	检查依据
5	安全生产管理机构或者专职安全生产管理人员	1.安全生产管理机构(或安全生产领导小组)与专职安全生产管理人员配备情况。 2.安全生产管理机构(或安全生产领导小组)与专职安全生产管理人员责任落实情况	1.【法律】《中华人民共和国安全生产法》 第二十四条 矿山、金属冶炼、建筑施工、运输单位和危险物品的生产、经营、储存、装卸单位,应当设置安全生产管理机构或者配备专职安全生产管理人员。 第二十五条 生产经营单位的安全生产管理机构以及安全生产管理人员履行下列职责: (一)组织或者参与拟订本单位安全生产规章制度、操作规程和生产安全事故应急救援预案; (二)组织或者参与本单位安全生产教育和培训,如实记录安全生产教育和培训情况; (三)组织开展危险源辨识和评估,督促落实本单位重大危险源的安全管理措施; (四)组织或者参与本单位应急救援演练; (五)检查本单位的安全生产状况,及时排查生产安全事故隐患,提出改进安全生产管理的建议; (六)制止和纠正违章指挥、强令冒险作业、违反操作规程的行为; (七)督促落实本单位安全生产整改措施。

检查方法	检查标准	处罚依据及标准	检查记录
1. 通过资料审查的方式,检查企业是否设置了安全生产管理机构(或安全生产领导小组)与专职安全生产管理人员。 2. 通过资料审查的方式,检查企业是否落实了安全生产管理机构(或安全生产领导小组)与专职安全生产管理人员职责	1. 按照规定设置安全生产管理机构,建立安全生产委员会(或安全生产领导小组)并配备专职安全生产管理人员,有相关证明文件,如任命书等。 2. 企业主要负责人和安全生产管理人员是否具备与所从事的经营活动相适应的安全生产知识和管理能力,专职安全生产管理人员数量配备符合要求,并有相关文件证明职责落实情况。	【法律】《中华人民共和国安全生产法》 第九十四条 生产经营单位的主要负责人未履行本法规定的安全生产管理职责的,责令限期改正,处二万元以上五万元以下的罚款;逾期未改正的,处五万元以上十万元以下的罚款,责令生产经营单位停产停业整顿。 生产经营单位的主要负责人有前款违法行为,导致发生生产安全事故的,给予撤职处分;构成犯罪的,依照刑法有关规定追究刑事责任。 生产经营单位的主要负责人依照前款规定受刑事处罚或者撤职处分的,自刑罚执行完毕或者受处分之日起,五年内不得担任任何生产经营单位的主要负责人;对重大、特别重大生产安全事故负有责任的,终身不得担任本行业生产经营单位的主要负责人。 第九十五条 生产经营单位的主要负责人未履行本法规定的安全生产管理职责,导致发生生产安全事故的,由应急管理部门依照下列规定处以罚款:	

序号	检查事项	检查内容	检查依据
5	安全生产管理机构或者专职安全生产管理人员	1. 安全生产管理机构（或安全生产领导小组）与专职安全生产管理人员配备情况。 2. 安全生产管理机构（或安全生产领导小组）与专职安全生产管理人员责任落实情况	生产经营单位可以设置专职安全生产分管负责人，协助本单位主要负责人履行安全生产管理职责。 2.【部门规章】《城市公共汽车和电车客运管理规定》 　第四十四条　运营企业是城市公共汽电车客运安全生产的责任主体。运营企业应当建立健全企业安全生产管理制度，设置安全生产管理机构或者配备专职安全生产管理人员，保障安全生产经费投入，增强突发事件防范和应急处置能力，定期开展安全检查和隐患排查，加强安全乘车和应急知识宣传

检查方法	检查标准	处罚依据及标准	检查记录
	（1）组织或者参与拟订本单位安全生产规章制度、操作规程和生产安全事故应急救援预案； （2）组织或者参与本单位安全生产教育和培训，如实记录安全生产教育和培训情况； （3）组织开展危险源辨识和评估，督促落实本单位重大危险源的安全管理措施； （4）组织或者参与本单位应急救援演练；	（一）发生一般事故的，处上一年年收入百分之四十的罚款； （二）发生较大事故的，处上一年年收入百分之六十的罚款； （三）发生重大事故的，处上一年年收入百分之八十的罚款； （四）发生特别重大事故的，处上一年年收入百分之一百的罚款。 第九十六条 生产经营单位的其他负责人和安全生产管理人员未履行本法规定的安全生产管理职责的，责令限期改正，处一万元以上三万元以下的罚款；导致发生生产安全事故的，暂停或者吊销其与安全生产有关的资格，并处上一年年收入百分之二十以上百分之五十以下的罚款；构成犯罪的，依照刑法有关规定追究刑事责任。	

序号	检查事项	检查内容	检 查 依 据
5	安全生产管理机构或者专职安全生产管理人员	1.安全生产管理机构(或安全生产领导小组)与专职安全生产管理人员配备情况。 2.安全生产管理机构(或安全生产领导小组)与专职安全生产管理人员责任落实情况	

检查方法	检查标准	处罚依据及标准	检查记录
	（5）检查本单位的安全生产状况，及时排查生产安全事故隐患，提出改进安全生产管理的建议； （6）制止和纠正违章指挥、强令冒险作业、违反操作规程的行为； （7）督促落实本单位安全生产整改措施	第九十七条　生产经营单位有下列行为之一的，责令限期改正，处十万元以下的罚款；逾期未改正的，责令停产停业整顿，并处十万元以上二十万元以下的罚款，对其直接负责的主管人员和其他直接责任人员处二万元以上五万元以下的罚款： （一）未按照规定设置安全生产管理机构或者配备安全生产管理人员、注册安全工程师的。……	

二、安全生产教育和培训检查事项

序号	检查事项	检查内容	检 查 依 据
1	安全生产教育和培训计划	安全生产教育和培训计划制定情况	1.【法律】《中华人民共和国安全生产法》 第二十一条　生产经营单位的主要负责人对本单位安全生产工作负有下列职责： …… （三）组织制定并实施本单位安全生产教育和培训计划。 2.【部门规章】《城市公共汽车和电车客运管理规定》 第四十五条　运营企业应当制定城市公共汽电车客运运营安全操作规程，加强对驾驶员、乘务员等从业人员的安全管理和教育培训。驾驶员、乘务员等从业人员在运营过程中应当执行安全操作规程

检查方法	检查标准	处罚依据及标准	检查记录
通过资料审查的方式,检查企业是否制定年度安全生产教育和培训计划	企业编制年度安全生产教育和培训计划。培训内容应包括法律法规、岗位职责、操作规程、服务规范、安全防范和应急处置等基本知识与技能等	【法律】《中华人民共和国安全生产法》 第九十四条　生产经营单位的主要负责人未履行本法规定的安全生产管理职责的,责令限期改正,处二万元以上五万元以下的罚款;逾期未改正的,处五万元以上十万元以下的罚款,责令生产经营单位停产停业整顿……	

序号	检查事项	检查内容	检 查 依 据
2	安全生产教育和培训实施	安全生产教育和培训实施情况	1.【法律】《中华人民共和国安全生产法》 第二十八条 生产经营单位应当对从业人员进行安全生产教育和培训,保证从业人员具备必要的安全生产知识,熟悉有关的安全生产规章制度和安全操作规程,掌握本岗位的安全操作技能,了解事故应急处理措施,知悉自身在安全生产方面的权利和义务。未经安全生产教育和培训合格的从业人员,不得上岗作业。 生产经营单位使用被派遣劳动者的,应当将被派遣劳动者纳入本单位从业人员统一管理,对被派遣劳动者进行岗位安全操作规程和安全操作技能的教育和培训。劳务派遣单位应当对被派遣劳动者进行必要的安全生产教育和培训。 生产经营单位接收中等职业学校、高等学校学生实习的,应当对实习学生进行相应的安全生产教育和培训,提供必要的劳动防护用品。学校应当协助生产经营单位对实习学生进行安全生产教育和培训。

检查方法	检查标准	处罚依据及标准	检查记录
1.通过资料审查的方式，检查企业是否对从业人员进行岗前培训并考核。 2.通过资料审查的方式，检查企业是否对从业人员定期进行安全生产培训和教育。	1.企业应对新上岗的从业人员开展岗前安全培训，并按照法律法规和有关标准要求细化制定岗前培训学时要求，具备岗前培训考核合格证明。 2.企业应对从业人员定期开展安全培训，并按照法律法规和有关标准要求细化制定定期培训学时要求，具备培训考核合格证明。	1.【法律】《中华人民共和国安全生产法》(主席令第88号) 第九十七条　生产经营单位有下列行为之一的，责令限期改正，处十万元以下的罚款；逾期未改正的，责令停产停业整顿，并处十万元以上二十万元以下的罚款，对其直接负责的主管人员和其他直接责任人员处二万元以上五万元以下的罚款： …… (三)未按照规定对从业人员、被派遣劳动者、实习学生进行安全生产教育和培训，或者未按照规定如实告知有关的安全生产事项的； …… 2.【部门规章】《城市公共汽车和电车客运管理规定》 第六十二条　运营企业有下列行为之一的，由城市公共交通主管部门责令限期改正；逾期未改正的，处5000元以上1万元以下的罚款： ……	

49

序号	检查事项	检查内容	检 查 依 据
2	安全生产教育和培训实施	安全生产教育和培训实施情况	2.【部门规章】《城市公共汽车和电车客运管理规定》 第二十八条 运营企业应当按照有关规范和标准对城市公共汽电车客运驾驶员、乘务员进行有关法律法规、岗位职责、操作规程、服务规范、安全防范和应急处置等基本知识与技能的培训和考核,安排培训、考核合格人员上岗。运营企业应当将相关培训、考核情况建档备查,并报城市公共交通主管部门备案。 《生产经营单位安全培训规定》 第九条 生产经营单位主要负责人和安全生产管理人员初次安全培训时间不得少于32学时。每年再培训时间不得少于12学时。 第十三条 生产经营单位新上岗的从业人员,岗前安全培训时间不得少于24学时

检查方法	检查标准	处罚依据及标准	检查记录
3.通过资料审查的方式,检查企业是否对被派遣劳动者、实习学生等人员(若有)进行安全生产教育培训。 4.通过座谈和询问的方式,检查驾驶员、乘务员等关键岗位人员对安全生产相关法律法规、岗位职责、操作规程、服务规范、安全防范和应急处置等内容的了解程度	3.企业应对被派遣劳动者、实习学生等人员(若有)开展安全培训并按照法律法规和有关标准要求细化制定定期培训学时要求。 4.企业应对从事特殊运营任务的公共汽电车驾驶员、乘务员开展专题培训,并按照法律法规和有关标准要求,细化制定专题培训学时要求。	(三)使用不具备本规定第二十七条规定条件的人员担任驾驶员、乘务员的; (四)未对拟担任驾驶员、乘务员的人员进行培训、考核的	

序号	检查事项	检查内容	检 查 依 据
2	安全生产教育和培训实施	安全生产教育和培训实施情况	

检查方法	检查标准	处罚依据及标准	检查记录
	5. 季节更替、新开线路、调整线路、延长线路、线路运营时间改变、更新车辆、重大活动等运营条件发生变化时应对驾驶员、乘务员进行行车安全专项培训		

序号	检查事项	检查内容	检 查 依 据
3	安全生产教育和培训档案	1.档案建立和记录情况。 2.档案保存情况	1.【法律】《中华人民共和国安全生产法》 第二十八条　生产经营单位应当建立安全生产教育和培训档案,如实记录安全生产教育和培训的时间、内容、参加人员以及考核结果等情况。 2.【部门规章】《城市公共汽车和电车客运管理规定》 第二十八条　运营企业应当按照有关规范和标准对城市公共汽电车客运驾驶员、乘务员进行有关法律法规、岗位职责、操作规程、服务规范、安全防范和应急处置等基本知识与技能的培训和考核,安排培训、考核合格人员上岗。运营企业应当将相关培训、考核情况建档备查,并报城市公共交通主管部门备案

检查方法	检查标准	处罚依据及标准	检查记录
通过资料审查的方式,查看企业安全生产教育和培训档案的建立、记录、保存情况,并报城市公共交通主管部门备案	1.企业建立安全生产教育和培训档案,档案内容包括培训时间、内容、参加人员以及考核结果等情况。 2.企业如实记录安全生产教育和培训情况。 3.企业妥善保存安全生产教育和培训档案。 4.企业安全生产教育和培训档案应报城市公共交通主管部门备案	【法律】《中华人民共和国安全生产法》 第九十七条 生产经营单位有下列行为之一的,责令限期改正,处十万元以下的罚款;逾期未改正的,责令停产停业整顿,并处十万元以上二十万元以下的罚款,对其直接负责的主管人员和其他直接责任人员处二万元以上五万元以下的罚款: …… (四)未如实记录安全生产教育和培训情况的; ……	

三、安全生产费用检查事项

序号	检查事项	检查内容	检 查 依 据
1	安全生产经费投入	1.安全生产经费保障制度制定情况。 2.安全生产经费管理情况。 3.企业安全经费使用情况	1.【法律】《中华人民共和国安全生产法》 第二十三条　生产经营单位应当具备的安全生产条件所必需的资金投入,由生产经营单位的决策机构、主要负责人或者个人经营的投资人予以保证,并对由于安全生产所必需的资金投入不足导致的后果承担责任。 有关生产经营单位应当按照规定提取和使用安全生产费用,专门用于改善安全生产条件。安全生产费用在成本中据实列支。安全生产费用提取、使用和监督管理的具体办法由国务院财政部门会同国务院安全生产监督管理机构征求国务院有关部门意见后制定。 2.【部门规章】《城市公共汽车和电车客运管理规定》 第四十四条　运营企业是城市公共汽电车客运安全生产的责任主体。运营企业应当建立健全企业安全生产管理制度,设置安全生产管理机构或者配备专职安全生产管理人员,保障安全生产经费投入,增强突发事件防范和应急处置能力,定期开展安全检查和隐患排查,加强安全乘车和应急知识宣传

检查方法	检查标准	处罚依据及标准	检查记录
1.通过资料审查的方式,检查企业是否建立安全生产经费保障制度(决策机构、主要负责人或者个人经营的投资人应保证安全生产条件所必需的资金投入,并对由于安全生产所必需的资金投入不足导致的后果承担责任)。	1.企业设立安全生产经费提取和使用独立台账,并制定年度安全生产经费计划。 2.企业有检查安全活动(包括安全评价、安全检查等)工作计划,并在安全经费中涵盖不可预见内容;费用支出有财务凭证证明。 3.安全生产经费保障制度中至少应包含安全经费投入比例内容的相关规定、经费投入的调节措施、经费到位时限要求等。	【法律】《中华人民共和国安全生产法》 第九十三条　生产经营单位的决策机构、主要负责人或者个人经营的投资人不依照本法规定保证安全生产所必需的资金投入,致使生产经营单位不具备安全生产条件的,责令限期改正,提供必需的资金;逾期未改正的,责令生产经营单位停产停业整顿。 有前款违法行为,导致发生生产安全事故的,对生产经营单位的主要负责人给予撤职处分,对个人经营的投资人处二万元以上二十万元以下的罚款;构成犯罪的,依照刑法有关规定追究刑事责任	

序号	检查事项	检查内容	检 查 依 据
1	安 全 生 产 经 费投入	1. 安全生产经费保障制度制定情况。 2. 安全生产经费管理情况。 3. 企业安全经费使用情况	

检查方法	检查标准	处罚依据及标准	检查记录
2.通过资料审查的方式,检查企业安全生产费用提取台账和相关财务凭证,核查其提取比例是否符合要求。 3.通过资料审查的方式,检查企业安全生产费用使用台账和相关财务凭证,核查其支出范围是否符合要求	4.企业按照规定范围使用安全生产费用,并有相应的财务凭证或者合同等文件佐证。 具体使用范围如下: (1)完善改造和维护安全防护设施设备支出(不含"三同时"要求初期投入的安全设施),包括道路运输设施设备和装卸工具安全状况检测及维护系统、运输设施设备和装卸工具附属安全设备等支出;		

序号	检查事项	检查内容	检 查 依 据
1	安 全生 产 经费投入	1. 安全生产经费保障制度制定情况。 2. 安全生产经费管理情况。 3. 企业安全经费使用情况	

检查方法	检查标准	处罚依据及标准	检查记录
	（2）购置、安装和使用具有行驶记录功能的车辆卫星定位装置等支出； （3）配备、维护、保养应急救援器材、设备支出和应急演练支出； （4）开展重大危险源和事故隐患评估、监控和整改支出； （5）安全生产检查、评价(不包括新建、改建、扩建项目安全评价)、咨询及标准化建设支出；		

序号	检查事项	检查内容	检 查 依 据
1	安 全 生 产 经 费投入	1.安全生产经费保障制度制定情况。 2.安全生产经费管理情况。 3.企业安全经费使用情况	

检查方法	检查标准	处罚依据及标准	检查记录
	（6）配备和更新现场作业人员安全防护用品支出； （7）安全生产宣传、教育、培训支出； （8）安全生产适用的新技术、新标准、新工艺、新装备的推广应用支出； （9）安全设施及特种设备检测检验支出； （10）其他与安全生产直接相关的支出		

四、车辆、设施、设备、标识检查事项

序号	检查事项	检查内容	检查依据
1	车辆标志、标记和安全提示	车辆按照规定设置安全警示标志和禁止携带违禁物品乘车的提示	【部门规章】《城市公共汽车和电车客运管理规定》 第四十八条 运营企业应当在城市公共汽电车车辆和场站醒目位置设置安全警示标志、安全疏散示意图等,并为车辆配备灭火器、安全锤等安全应急设备,保证安全应急设备处于良好状态。 第四十九条 禁止携带违禁物品乘车。运营企业应当在城市公共汽电车主要站点的醒目位置公布禁止携带的违禁物品目录。有条件的,应当在城市公共汽电车车辆上张贴禁止携带违禁物品乘车的提示

检查方法	检查标准	处罚依据及标准	检查记录
通过资料审查、现场核查的方式,检查车辆是否按照规定悬挂安全警示标志等	1. 车辆上车门内侧、乘客立柱、驾驶员隔离门等醒目位置应设置安全警示标志。 2. 车辆防护隔离设施后围或其他醒目位置上应设置"影响公交车驾驶员安全驾驶涉嫌违法犯罪"等标识。 3. 根据地方行业管理机构要求,在车辆上张贴禁止携带违禁物品乘车的提示	【部门规章】《城市公共汽车和电车客运管理规定》 第六十二条　运营企业有下列行为之一的,由城市公共交通主管部门责令限期改正;逾期未改正的,处 5000 元以上 1 万元以下的罚款: …… (二)未在城市公共汽电车车辆和场站醒目位置设置安全警示标志、安全疏散示意图和安全应急设备的; ……	

序号	检查事项	检查内容	检 查 依 据
2	应急处理器材和安全防护设备	车辆应急处理器材和安全防护设备配备情况	【部门规章】《城市公共汽车和电车客运管理规定》 第四十八条 运营企业应当在城市公共汽电车车辆和场站醒目位置设置安全警示标志、安全疏散示意图等，并为车辆配备灭火器、安全锤等安全应急设备，保证安全应急设备处于良好状态。 第五十条 运营企业应当依照规定配备安保人员和相应设备设施，加强安全检查和保卫工作。……

续上表

检查方法	检查标准	处罚依据及标准	检查记录
通过资料审查和现场核查的方式,随机抽查车辆是否按照《城市公共汽电车车辆专用安全设施技术要求》(JT/T 1240—2019)的要求配备有效的车辆应急处理器材和安全防护设备	1.车辆配备的应急处理器材和安全防护设备符合《城市公共汽电车车辆专用安全设施技术要求》(JT/T 1240—2019)等相关要求。 2.应急处理器材和安全防护设备均能正常使用		

序号	检查事项	检查内容	检 查 依 据
3	车辆维护	车辆日常维护情况	【部门规章】《城市公共汽车和电车客运管理规定》 第四十六条 运营企业应当对城市公共汽电车客运服务设施设备建立安全生产管理制度,落实责任制,加强对有关设施设备的管理和维护。 第四十七条 运营企业应当建立城市公共汽电车车辆安全管理制度,定期对运营车辆及附属设备进行检测、维护、更新,保证其处于良好状态。不得将存在安全隐患的车辆投入运营

检查方法	检查标准	处罚依据及标准	检查记录
1. 通过资料审查方式,检查企业是否建立城市公共汽电车客运服务设施设备建立安全生产管理制度、城市公共汽电车车辆安全管理制度。 2. 通过资料审查和现场核查等方式,检查企业是否定期对运营车辆及附属设备进行检测、维护、更新	1. 企业应建立并落实城市公共汽电车客运服务设施设备建立安全生产管理制度、城市公共汽电车辆安全管理制度。 2. 企业应定期对运营车辆及附属设备进行检测、维护、更新,并记录在案。 3. 存在安全隐患的车辆不得投入运营	【部门规章】《城市公共汽车和电车客运管理规定》 第六十二条 运营企业有下列行为之一的,由城市公共交通主管部门责令限期改正;逾期未改正的,处 5000 元以上 1 万元以下的罚款: (一)未定期对城市公共汽电车车辆及其安全设施设备进行检测、维护、更新的; ……	

序号	检查事项	检查内容	检 查 依 据
4	车辆强制报废	车辆强制报废情况	【部门规章】《机动车强制报废标准规定》 第五条　各类机动车使用年限分别如下： …… (四)公交客运汽车使用13年； …… 第七条　国家对达到一定行驶里程的机动车引导报废。达到下列行驶里程的机动车，其所有人可以将机动车交售给报废机动车回收拆解企业，由报废机动车回收拆解企业按规定进行登记、拆解、销毁等处理，并将报废的机动车登记证书、号牌、行驶证交公安机关交通管理机构注销： (四)公交客运汽车行驶40万千米

检查方法	检查标准	处罚依据及标准	检查记录
通过资料审查、运政系统信息比对和现场核查的方式,对照车辆行驶证、车辆行驶里程、车辆技术档案等信息,检查车辆是否按照规定年限报废	车辆按照规定年限或行驶里程进行报废。公交客运汽车车辆强制报废年限为13年,或者行驶里程40万千米,且有相应的报废手续		

五、站点安全管理检查事项

序号	检查事项	检查内容	检 查 依 据
1	公交站点	1. 首末站安全标志、标识和违禁物品目录设置情况。 2. 主要中途站违禁物品目录设置情况。	【部门规章】《城市公共汽车和电车客运管理规定》 第四十八条 运营企业应当在城市公共汽电车车辆和场站醒目位置设置安全警示标志、安全疏散示意图等,并为车辆配备灭火器、安全锤等安全应急设备,保证安全应急设备处于良好状态。 第四十九条 禁止携带违禁物品乘车。运营企业应当在城市公共汽电车主要站点的醒目位置公布禁止携带的违禁物品目录。有条件的,应当在城市公共汽电车车辆上张贴禁止携带违禁物品乘车的提示

检查方法	检查标准	处罚依据及标准	检查记录
1.通过现场核查的方式,检查首末站安全标志、标识和违禁物品目录设置情况。 2.通过现场核查的方式,抽查主要中途站违禁物品目录设置情况。 3.通过资料审查的方式,检查公交站点安全标志、标识和违禁物品目录维护情况	1.企业应在首末站醒目位置设置安全警示标志、安全疏散示意图等,且安全警示标志设置应符合《安全标志及其使用导则》(GB 2894—2008)的要求。 2.企业应在首末站醒目位置公布禁止携带的违禁物品目录。 3.企业应在主要中途站醒目位置公布禁止携带的违禁物品目录。 4.企业应当定期对公交站点的安全设施进行维护,并形成工作台账	【部门规章】《城市公共汽车和电车客运管理规定》 　　第六十二条　运营企业有下列行为之一的,由城市公共交通主管部门责令限期改正;逾期未改正的,处 5000 元以上 1 万元以下的罚款: 　　…… 　　(二)未在城市公共汽电车车辆和场站醒目位置设置安全警示标志、安全疏散示意图和安全应急设备的; 　　…… 　　第六十四条　城市公共汽电车客运场站和服务设施的日常管理单位未按照规定对有关场站设施进行管理和维护的,由城市公共交通主管部门责令限期改正;逾期未改正的,处 1 万元以下的罚款	

六、应急管理检查事项

序号	检查事项	检查内容	检查依据
1	应急预案编制	应急预案编制情况	1.【法律】《中华人民共和国安全生产法》 第八十一条　生产经营单位应当制定本单位生产安全事故应急救援预案,与所在地县级以上地方人民政府组织制定的生产安全事故应急救援预案相衔接,并定期组织演练。 2.【行政法规】《生产安全事故应急条例》 第五条　生产经营单位应当针对本单位可能发生的生产安全事故的特点和危害,进行风险辨识和评估,制定相应的生产安全事故应急救援预案,并向本单位从业人员公布。 3.【部门规章】《城市公共汽车和电车客运管理规定》 第五十二条　运营企业应当根据城市公共汽电车客运突发事件应急预案,制定本企业的应急预案,并定期演练。 《生产安全事故应急预案管理办法》 第十二条　生产经营单位应当根据有关法律、法规、规章和相关标准,结合本单位组织管理体系、生产规模和可能发生的事故特点,与相关预案保持衔接,确立本单位的应急预案体系,编制相应的应急预案,并体现自救互救和先期处置等特点。

检查方法	检查标准	处罚依据及标准	检查记录
1. 通过资料审查的方式,检查企业是否制定应急预案以及内容是否全面。 2. 通过资料审查的方式,检查应急预案是否经主要负责人签发,并向相关人员公布。 3. 通过资料审查的方式,检查企业是否制定应急处置卡且内容是否全面。	1. 企业应按照相关法律法规制定应急预案,预案可包括综合应急预案、专项应急预案和现场处置方案。综合应急预案应当规定应急组织机构及其职责、应急预案体系、事故风险描述、预警及信息报告、应急响应、保障措施、应急预案管理等内容。专项应急预案应当规定应急指挥机构与职责、处置程序和措施等内容。	1.【法律】《中华人民共和国安全生产法》 第九十七条 生产经营单位有下列行为之一的,责令限期改正,处十万元以下的罚款;逾期未改正的,责令停产停业整顿,并处十万元以上二十万元以下的罚款,对其直接负责的主管人员和其他直接责任人员处二万元以上五万元以下的罚款: …… (六)未按照规定制定生产安全事故应急救援预案或者未定期组织演练的; …… 2.【部门规章】《城市公共汽车和电车客运管理规定》 第六十三条 运营企业未制定应急预案并组织演练的,由城市公共交通主管部门责令限期改正,并处 1 万元以下的罚款。 发生影响运营安全的突发事件时,运营企业未按照应急预案的规定采取应急处置措施,造成严重后果的,由城市公共交通主管部门处 2 万元以上 3 万元以下的罚款	

序号	检查事项	检查内容	检 查 依 据
1	应急预案编制	应急预案编制情况	第十九条 生产经营单位应当在编制应急预案的基础上,针对工作场所、岗位的特点,编制简明、实用、有效的应急处置卡。应急处置卡应当规定重点岗位、人员的应急处置程序和措施,以及相关联络人员和联系方式,便于从业人员携带。 第二十四条 生产经营单位的应急预案经评审或者论证后,由本单位主要负责人签署,向本单位从业人员公布,并及时发放到本单位有关部门、岗位和相关应急救援队伍。事故风险可能影响周边其他单位、人员的,生产经营单位应当将有关事故风险的性质、影响范围和应急防范措施告知周边的其他单位和人员。 《交通运输突发事件应急管理规定》 第八条 应急预案应当根据有关法律、法规的规定,针对交通运输突发事件的性质、特点、社会危害程度以及可能需要提供的交通运输应急保障措施,明确应急管理的组织指挥体系与职责、监测与预警、处置程序、应急保障措施、恢复与重建、培训与演练等具体内容

检查方法	检查标准	处罚依据及标准	检查记录
4.企业若存在特种设备,应通过资料审查的方式,检查是否制定特种设备事故应急专项预案	现场处置方案应当规定应急工作职责、应急处置措施和注意事项等内容。 2.应急预案应经主要负责人签发,并向相向本单位从业人员公布,及时发放到本单位有关部门、岗位。事故风险可能影响周边其他单位、人员的,生产经营单位应当将有关事故风险的性质、影响范围和应急防范措施告知周边的其他单位和人员。		

序号	检查事项	检查内容	检 查 依 据
1	应 急 预案 编 制	应急预案 编制情况	

检查方法	检查标准	处罚依据及标准	检查记录
	3.企业应当在编制应急预案的基础上,针对工作场所、岗位的特点,编制简明、实用、有效的应急处置卡。应急处置卡应当规定重点岗位、人员的应急处置程序和措施,以及相关联络人员和联系方式,便于从业人员携带。 4.企业若存在特种设备,应检查是否按照规定制定特种设备事故应急专项预案		

序号	检查事项	检查内容	检查依据
2	应急预案评估与修订	应急预案评估与修订情况	1.【行政法规】《生产安全事故应急条例》 第六条　生产安全事故应急救援预案应当符合有关法律、法规、规章和标准的规定,具有科学性、针对性和可操作性,明确规定应急组织体系、职责分工以及应急救援程序和措施。 有下列情形之一的,生产安全事故应急救援预案制定单位应当及时修订相关预案: (一)制定预案所依据的法律、法规、规章、标准发生重大变化; (二)应急指挥机构及其职责发生调整; (三)安全生产面临的风险发生重大变化; (四)重要应急资源发生重大变化; (五)在预案演练或者应急救援中发现需要修订预案的重大问题; (六)其他应当修订的情形。

检查方法	检查标准	处罚依据及标准	检查记录
通过资料审查的方式,检查企业应急预案是否定期对应急预案进行评估,并及时修订补充完善	1.企业应建立应急预案定期评估制度,对预案内容的针对性和适用性进行分析,并对应急预案是否需要修订作出结论。 2.企业应根据法律法规规定的情况及时对应急预案进行修订并归档	【部门规章】《生产安全事故应急预案管理办法》 第四十五条 生产经营单位有下列情形之一的,由县级以上人民政府应急管理机构责令限期改正,可以处1万元以上3万元以下的罚款： …… (四)未按照规定开展应急预案评估的; (五)未按照规定进行应急预案修订的; ……	

序号	检查事项	检查内容	检 查 依 据
2	应急预案评估与修订	应急预案评估与修订情况	2.【部门规章】《生产安全事故应急预案管理办法》 第三十五条 应急预案编制单位应当建立应急预案定期评估制度，对预案内容的针对性和实用性进行分析，并对应急预案是否需要修订作出结论。 应急预案评估可以邀请相关专业机构或者有关专家、有实际应急救援工作经验的人员参加，必要时可以委托安全生产技术服务机构实施。 第三十六条 有下列情形之一的，应急预案应当及时修订并归档： （一）依据的法律、法规、规章、标准及上位预案中的有关规定发生重大变化的； （二）应急指挥机构及其职责发生调整的； （三）安全生产面临的风险发生重大变化的； （四）重要应急资源发生重大变化的； （五）在应急演练和事故应急救援中发现需要修订预案的重大问题的； （六）编制单位认为应当修订的其他情况

检查方法	检查标准	处罚依据及标准	检查记录

序号	检查事项	检查内容	检 查 依 据
3	应急预案备案	应急预案备案情况	【部门规章】《交通运输突发事件应急管理规定》 第十一条 交通运输主管部门制定的应急预案应当报上级交通运输主管部门和本级人民政府备案。 公共交通工具、重点港口和场站的经营单位以及储运易燃易爆物品、危险化学品、放射性物品等危险物品的交通运输企业所制定的应急预案,应当向所属地交通运输主管部门备案
4	应急队伍建设和备案情况	1.企业配备专兼职应急队伍情况。 2.企业应急队伍备案情况	【部门规章】《中华人民共和国突发事件应对法》 第二十七条 国务院有关部门、县级以上地方各级人民政府及其有关部门、有关单位应当为专业应急救援人员购买人身意外伤害保险,配备必要的防护装备和器材,减少应急救援人员的人身风险。 《交通运输突发事件应急管理规定》 第十四条 ……交通运输企业应当根据实际需要,建立由本单位职工组成的专职或者兼职应急队伍。

检查方法	检查标准	处罚依据及标准	检查记录
通过资料审查的方式,检查企业是否将应急预案向交通运输主管部门备案	企业按照规定向交通运输主管部门进行应急预案备案,有应急预案备案证明(回执)等		
1.通过资料审查和现场核查的方式,检查企业是否配备专兼职应急队伍。 2.对照应急救援人员清单,通过座谈和询问的方式,了解应急救援人员是否熟悉自身工作职责。	1.企业应根据实际需要,建立由本单位职工组成的专职或者兼职应急队伍,制定应急队伍人员清单。 2.企业应当将本单位应急队伍的实时情况及时报所在地交通运输主管部门备案。		

序号	检查事项	检查内容	检 查 依 据
4	应急队伍建设和备案情况	1.企业配备专兼职应急队伍情况。 2.企业应急队伍备案情况	第十六条 ……交通运输企业应当将本单位应急装备、应急物资、运力储备和应急队伍的实时情况及时报所在地交通运输主管部门备案。 第十七条 所有列入应急队伍的交通运输应急人员,其所属单位应当为其购买人身意外伤害保险,配备必要的防护装备和器材,减少应急人员的人身风险
5	应急培训	1.应急培训制定。 2.应急救援人员培训情况	【部门规章】《交通运输突发事件应急管理规定》 第二十条 ……交通运输企业应当按照交通运输主管部门制定的应急预案的有关要求,制订年度应急培训计划,组织开展应急培训工作

检查方法	检查标准	处罚依据及标准	检查记录
3.通过资料审查的方式,检查企业是否将应急队伍进行备案。 4.通过资料审查和现场核查的方式,检查企业是否给应急救援人员投保人身意外伤害保险	3.企业应为所有列入应急队伍的交通运输应急人员购买人身意外伤害保险,配备必要的防护装备和器材,减少应急人员的人身风险		
1.通过资料审查的方式,检查企业是否制定应急培训计划。 2.通过资料审查的方式,检查企业是否对应急救援人员进行培训。	1.企业应当按照交通运输主管部门制定的应急预案的有关要求,制订年度应急培训计划。 2.企业应定期组织开展应急培训工作		

序号	检查事项	检查内容	检 查 依 据
5	应急培训	1.应急培训制定。 2.应急救援人员培训情况	
6	应急救援器材配备和维护保养	1.配备必要的应急救援器材、设备和物资。 2.对器材进行维护、保养,保证正常运转	【部门规章】《中华人民共和国突发事件应对法》 第二十七条 国务院有关部门、县级以上地方各级人民政府及其有关部门、有关单位应当为专业应急救援人员购买人身意外伤害保险,配备必要的防护装备和器材,减少应急救援人员的人身风险。 《交通运输突发事件应急管理规定》 第十三条 交通运输主管部门、交通运输企业应当按照有关规划和应急预案的要求,根据应急工作的实际需要,建立健全应急装备和应急物资储备、维护、管理和调拨制度,储备必需的应急物资和运力,配备必要的专用应急指挥交通工具和应急通信装备,并确保应急物资装备处于正常使用状态

检查方法	检查标准	处罚依据及标准	检查记录
3.通过现场核查的方式,随机抽查应急救援人员是否能够熟练操作应急救援知识			
1.通过资料审查和现场核查的方式,检查企业是否配备必要的应急救援器材、设备和物资。 2.通过资料审查和现场核查的方式,检查企业是否定期对应急救援器材进行维护保养	1.企业应当按照有关规划和应急预案的要求,根据应急工作的实际需要,建立健全应急装备和应急物资储备、维护、管理和调拨制度。	【法律】《中华人民共和国突发事件应对法》 第六十四条 有关单位有下列情形之一的,由所在地履行统一领导职责的人民政府责令停产停业,暂扣或者吊销许可证或者营业执照,并处五万元以上二十万元以下的罚款;构成违反治安管理行为的,由公安机关依法给予处罚: …… (三)未做好应急设备、设施日常维护、检测工作,导致发生严重突发事件或者突发事件危害扩大的; ……	

序号	检查事项	检查内容	检 查 依 据
6	应急救援器材配备和维护保养	1. 配备必要的应急救援器材、设备和物资。2. 对器材进行维护、保养,保证正常运转	

检查方法	检查标准	处罚依据及标准	检查记录
	2.企业应储备必需的应急物资和运力,配备必要的专用应急指挥交通工具和应急通信装备,并确保应急物资装备处于正常使用状态。 3.企业应定期进行维护、保养、检测应急物资设备,保证正常运转,并有相应的维护记录		

序号	检查事项	检查内容	检查依据
7	应急演练	1.应急预案制定。 2.应急预案演练情况	1.【法律】《中华人民共和国安全生产法》 第八十一条　生产经营单位应当制定本单位生产安全事故应急救援预案,与所在地县级以上地方人民政府组织制定的生产安全事故应急救援预案相衔接,并定期组织演练。 2.【部门规章】《交通运输突发事件应急管理规定》 第二十一条　交通运输主管部门、交通运输企业应当根据本地区、本单位交通运输突发事件的类型和特点,制订应急演练计划,定期组织开展交通运输突发事件应急演练。 《城市公共汽车和电车客运管理规定》 第五十二条　……运营企业应当根据城市公共汽电车客运突发事件应急预案,制定本企业的应急预案,并定期演练。

检查方法	检查标准	处罚依据及标准	检查记录
1.通过资料审查的方式，检查企业是否制定应急演练计划。 2.通过资料审查、座谈和询问等方式，检查企业是否定期开展应急演练，演练频次是否符合要求。 3.通过资料审查方式，检查企业是否对应急演练进行评估	1.企业应制定应急演练计划，并符合相关规定的频次要求。 2.企业应按照计划定期开展应急演练，并有应急预案演练记录。 3.应急预案演练结束后，企业应对应急预案演练效果进行评估，撰写应急预案演练评估报告，分析存在的问题，并对应急预案提出修订意见	1.【法律】《中华人民共和国安全生产法》(主席令第88号) 第九十七条 生产经营单位有下列行为之一的，责令限期改正，处十万元以下的罚款；逾期未改正的，责令停产停业整顿，并处十万元以上二十万元以下的罚款，对其直接负责的主管人员和其他直接责任人员处二万元以上五万元以下的罚款： …… (六)未按照规定制定生产安全事故应急救援预案或者未定期组织演练的； …… 2.【部门规章】《城市公共汽车和电车客运管理规定》 第六十三条 运营企业未制定应急预案并组织演练的，由城市公共交通主管部门责令限期改正，并处1万元以下的罚款。	

序号	检查事项	检查内容	检查依据
7	应急演练	1. 应急预案制定。 2. 应急预案演练情况	《生产安全事故应急预案管理办法》 第三十三条 生产经营单位应当制定本单位的应急预案演练计划,根据本单位的事故风险特点,每年至少组织一次综合应急预案演练或者专项应急预案演练,每半年至少组织一次现场处置方案演练。 第三十四条 应急预案演练结束后,应急预案演练组织单位应当对应急预案演练效果进行评估,撰写应急预案演练评估报告,分析存在的问题,并对应急预案提出修订意见

检查方法	检查标准	处罚依据及标准	检查记录
		发生影响运营安全的突发事件时,运营企业未按照应急预案的规定采取应急处置措施,造成严重后果的,由城市公共交通主管部门处 2 万元以上 3 万元以下的罚款。	

七、风险分级管控与隐患排查治理检查事项

序号	检查事项	检查内容	检 查 依 据
1	风险辨识	风险辨识情况	【规范性文件】《国务院安委会办公室关于实施遏制重特大事故工作指南构建双重预防机制的意见》 (一)全面开展安全风险辨识。各地区要指导推动各类企业按照有关制度和规范,针对本企业类型和特点,制定科学的安全风险辨识程序和方法,全面开展安全风险辨识。企业要组织专家和全体员工,采取安全绩效奖惩等有效措施,全方位、全过程辨识生产工艺、设备设施、作业环境、人员行为和管理体系等方面存在的安全风险,做到系统、全面、无遗漏,并持续更新完善。 《交通运输部关于推进安全生产风险管理工作的意见》 (八)开展风险源辨识、评估和控制。开展安全生产风险源辨识工作,建立风险源清单并逐一评估,确定安全生产风险等级和管控临界,针对不同的风险,制定具体的控制措施和管控责任制度

检查方法	检查标准	处罚依据及标准	检查记录
1.通过资料审查的方式,检查企业是否根据本企业类型和特点,编制风险辨识手册。 2.通过资料审查的方式,检查企业是否按照要求开展风险源辨识和评估工作	1.企业应针对本企业类型和特点,编制风险辨识手册,明确风险辨识程序和方法。 2.企业应定期开展风险源辨识、评估和控制。企业要建立风险源清单,组织专家和全体员工,全方位、全过程辨识生产工艺、设备设施、作业环境、人员行为和管理体系等方面存在的安全风险,确定安全生产风险等级和管控临界,针对不同的风险,制定具体的控制措施和管控责任制度	【法律】《中华人民共和国安全生产法》 第一百零一条 生产经营单位有下列行为之一的,责令限期改正,处十万元以下的罚款;逾期未改正的,责令停产停业整顿,并处十万元以上二十万元以下的罚款,对其直接负责的主管人员和其他直接责任人员处二万元以上五万元以下的罚款;构成犯罪的,依照刑法有关规定追究刑事责任: …… (二)对重大危险源未登记建档,未进行定期检测、评估、监控,未制定应急预案,或者未告知应急措施的; ……	

序号	检查事项	检查内容	检查依据
2	风险分级管控	风险分级管控、记录情况	1.【法律】《中华人民共和国安全生产法》 第四十一条 生产经营单位应当建立安全风险分级管控制度,按照安全风险分级采取相应的管控措施。 2.【规范性文件】《国务院安委会办公室关于实施遏制重特大事故工作指南构建双重预防机制的意见》 (二)科学评定安全风险等级。企业要对辨识出的安全风险进行分类梳理,参照《企业职工伤亡事故分类》(GB 6441—1986),综合考虑起因物、引起事故的诱导性原因、致害物、伤害方式等,确定安全风险类别。对不同类别的安全风险,采用相应的风险评估方法确定安全风险等级。安全风险评估过程要突出遏制重特大事故,高度关注暴露人群,聚焦重大危险源、劳动密集型场所、高危作业工序和受影响的人群规模。安全风险等级从高到低划分为重大风险、较大风险、一般风险和低风险,分别用红、橙、黄、蓝四种颜色标示。其中,重大安全风险应填写清单、汇总造册,按照职责范围报告属地负有安全生产监督管理职责的部门。要依据安全风险类别和等级建立企业安全风险数据库,绘制企业"红橙黄蓝"四色安全风险空间分布图

检查方法	检查标准	处罚依据及标准	检查记录
1.通过资料审查的方式,检查企业是否建立安全风险分级管控制度,并对风险清单所列风险进行等级划分。 2.通过资料审查的方式,检查企业是否建立安全风险数据库,是否绘制四色安全风险空间分布图	1.企业应对辨识出的安全风险进行分类梳理,参照 GB 6441—1986,综合考虑起因物、引起事故的诱导性原因、致害物、伤害方式等,确定安全风险类别,采用相应的风险评估方法确定安全风险等级。 2.企业应按照要求依据安全风险类别和等级建立企业安全风险数据库,绘制企业"红、橙、黄、蓝"四色安全风险空间分布图	【法律】《中华人民共和国安全生产法》 　第一百零一条　生产经营单位有下列行为之一的,责令限期改正,处十万元以下的罚款;逾期未改正的,责令停产停业整顿,并处十万元以上二十万元以下的罚款,对其直接负责的主管人员和其他直接责任人员处二万元以上五万元以下的罚款;构成犯罪的,依照刑法有关规定追究刑事责任: 　…… 　(四)未建立安全风险分级管控制度或者未按照安全风险分级采取相应管控措施的; 　……	

序号	检查事项	检查内容	检 查 依 据
3	重大危险源管控、登记和备案（如有）	1.重大危险源登记建档。 2.重大危险源备案。 3.重大危险源定期检测、评估和监控。 4.重大危险源应急预案	1.【法律】《中华人民共和国安全生产法》 第四十条　生产经营单位对重大危险源应当登记建档,进行定期检测、评估、监控,并制定应急预案,告知从业人员和相关人员在紧急情况下应当采取的应急措施。 生产经营单位应当按照国家有关规定将本单位重大危险源及有关安全措施、应急措施报有关地方人民政府应急管理部门和有关部门备案。有关地方人民政府应急管理部门和有关部门应当通过相关信息系统实现信息共享。 2.【规范性文件】《国务院安委会办公室关于实施遏制重特大事故工作指南构建双重预防机制的意见》 (四)……对存在重大安全风险的工作场所和岗位,要设置明显警示标志,并强化危险源监测和预警。 3.【规范性文件】《交通运输部关于推进安全生产风险管理工作的意见》 (十四)……针对可能导致发生事故的安全生产风险,特别是重大风险源,制定相应的应急预案并加强应急演练

检查方法	检查标准	处罚依据及标准	检查记录
1.通过资料审查和现场核查的方式,检查企业是否存在重大风险。 2.通过资料审查的方式,检查企业是否制定重大危险源专项应急预案并开展应急演练。 3.通过资料审查和现场核查的方式,检查企业是否进行重大危险源登记建档和备案。	1.企业按照要求制定重大危险源专项应急预案并开展应急演练。 2.企业根据要求进行重大风险登记和备案,制定监控计划,定期进行检测、评估和监控。 3.企业应当按照国家有关规定将本单位重大危险源及有关安全措施、应急措施报有关地方人民政府应急管理部门和有关部门备案。	【法律】《中华人民共和国安全生产法》 第一百零一条　生产经营单位有下列行为之一的,责令限期改正,处十万元以下的罚款;逾期未改正的,责令停产停业整顿,并处十万元以上二十万元以下的罚款,对其直接负责的主管人员和其他直接责任人员处二万元以上五万元以下的罚款;构成犯罪的,依照刑法有关规定追究刑事责任: …… (二)对重大危险源未登记建档,未进行评估、监控,未制定应急预案,或者未告知应急措施的; ……	

序号	检查事项	检查内容	检 查 依 据
3	重大危险源管控、登记和备案（如有）	1.重大危险源登记建档。 2.重大危险源备案。 3.重大危险源定期检测、评估和监控。 4.重大危险源应急预案	

检查方法	检查标准	处罚依据及标准	检查记录
4.通过现场核查的方式,查看企业是否在重大风险所在场所设置明显的安全警示标志	4.企业应对存在重大安全风险的工作场所和岗位,设置明显警示标志,并强化危险源监测和预警		

序号	检查事项	检查内容	检 查 依 据
4	隐 患 排查	1. 隐患排查制度。 2. 隐患排查开展情况	1.【法律】《中华人民共和国安全生产法》 第四十一条 ……生产经营单位应当建立健全并落实生产安全事故隐患排查治理制度,采取技术、管理措施,及时发现并消除事故隐患。事故隐患排查治理情况应当如实记录,并通过职工大会或者职工代表大会、信息公示栏等方式向从业人员通报。其中,重大事故隐患排查治理情况应当及时向负有安全生产监督管理职责的部门和职工大会或者职工代表大会报告。 …… 第四十六条 生产经营单位的安全生产管理人员应当根据本单位的生产经营特点,对安全生产状况进行经常性检查;对检查中发现的安全问题,应当立即处理;不能处理的,应当及时报告本单位有关负责人,有关负责人应当及时处理。检查及处理情况应当如实记录在案。 ……

检查方法	检查标准	处罚依据及标准	检查记录
1. 通过资料审查的方式,检查企业是否建立并落实安全生产事故隐患排查治理制度和隐患排查治理清单。 2. 通过资料审查的方式,检查企业是否开展经常性的隐患排查。 3. 通过资料审查的方式,检查企业是否填写隐患排查记录,形成隐患排查工作台账	1. 企业应制定隐患排查制度,制定符合实际的隐患排查治理清单,明确和细化隐患排查的事项、内容和频次。 2. 企业应经常性开展隐患排查,可包括日常排查、定期排查和专项排查等。 3. 企业应建立隐患排查记录,并如实填写,可包括排查对象或范围、时间、人员、安全技术状况、处理意见等内容,经隐患排查直接责任人签字后妥善保存。	【法律】《中华人民共和国安全生产法》 第九十七条 生产经营单位有下列行为之一的,责令限期改正,处十万元以下的罚款;逾期未改正的,责令停产停业整顿,并处十万元以上二十万元以下的罚款,对其直接负责的主管人员和其他直接责任人员处二万元以上五万元以下的罚款: …… (五)未将事故隐患排查治理情况如实记录或者未向从业人员通报的; …… 第一百零一条 生产经营单位有下列行为之一的,责令限期改正,处十万元以下的罚款;逾期未改正的,责令停产停业整顿,并处十万元以上二十万元以下的罚款,对其直接负责的主管人员和其他直接责任人员处二万元以上五万元以下的罚款;构成犯罪的,依照刑法有关规定追究刑事责任: …… (五)未建立事故隐患排查治理制度,或者重大事故隐患排查治理情况未按照规定报告的; ……	

序号	检查事项	检查内容	检 查 依 据
4	隐患排查	1. 隐患排查制度。 2. 隐患排查开展情况	2.【规范性文件】《国务院安委会办公室关于实施遏制重特大事故工作指南构建双重预防机制的意见》 （五）……企业要建立完善隐患排查治理制度，制定符合企业实际的隐患排查治理清单，明确和细化隐患排查的事项、内容和频次，并将责任逐一分解落实，推动全员参与自主排查隐患，尤其要强化对存在重大风险的场所、环节、部位的隐患排查。要通过与政府部门互联互通的隐患排查治理信息系统，全过程记录报告隐患排查治理情况

检查方法	检查标准	处罚依据及标准	检查记录
	4.企业应将事故隐患排查治理情况通过职工大会或者职工代表大会、信息公示栏等方式向从业人员通报。其中,重大事故隐患排查治理情况应当及时向负有安全生产监督管理职责的部门和职工大会或者职工代表大会报告		

序号	检查事项	检查内容	检 查 依 据
5	重大隐患报备（如有)	重大隐患制定、排查、整改和报备情况	1.【法律】《中华人民共和国安全生产法》 第四十六条 ……生产经营单位的安全生产管理人员在检查中发现重大事故隐患,依照前款规定向本单位有关负责人报告,有关负责人不及时处理的,安全生产管理人员可以向主管的负有安全生产监督管理职责的部门报告,接到报告的部门应当依法及时处理 2.【规范性文件】《道路运输企业和城市客运企业安全生产重大事故隐患判定标准(试行)》 第三条 道路运输企业和城市客运企业存在下列情形之一的,应当判定为重大事故隐患: (二)使用报废、擅自改装、拼装、检验检测不合格(含未在有效期内)以及其他不符合国家规定的车辆装备、设施设备等从事经营活动的; (三)所属经营性驾驶员和车辆存在长期"三超一疲劳"(超速、超员、超载、疲劳驾驶)且运输过程中未及时提醒纠正、运输行为结束后一个月内未严肃处理……

108

检查方法	检查标准	处罚依据及标准	检查记录
1.通过资料审查和现场核查的方式,查看企业是否存在重大隐患。 2.通过资料审查的方式,检查企业是否按照要求及时报备。 3.通过资料审查的方式,检查企业是否对存在的重大隐患及时处理,并确保整改措施到位	1.企业应按照要求向上级进行重大隐患信息报备。 2.企业应按照要求建立重大隐患专项整改方案,及时落实整改和管控措施,确保整改到位	【法律】《中华人民共和国安全生产法》 第九十条 负有安全生产监督管理职责的部门的工作人员,有下列行为之一的,给予降级或者撤职的处分;构成犯罪的,依照刑法有关规定追究刑事责任: …… (四)在监督检查中发现重大事故隐患,不依法及时处理的; ……	

序号	检查事项	检查内容	检 查 依 据
5	重大隐患报备（如有)	重大隐患制定、排查、整改和报备情况	(四)经营地或运营线路途经地已发布台风橙色或以上预警,暴雨、暴雪、冰雹、大雾、沙尘暴、大风、道路结冰红色预警,或地质灾害气象风险红色预警等不具备安全通行条件时,未执行政府部门停运指令或企业应急预案要求仍擅自安排运输作业的; (五)按法律法规和规章规定,其他应当判定为重大事故隐患的。 第八条　城市公共汽电车客运企业存在本标准第三条规定情形或下列情形之一的,应当判定为重大事故隐患: (一)未按规定在城市公共汽电车车辆驾驶区域安装安全防护隔离设施的; (二)新能源城市公共汽电车动力电池超过质保期,未按规定及时更换仍继续使用的。

检查方法	检查标准	处罚依据及标准	检查记录

八、事故报告与处理检查事项

序号	检查事项	检查内容	检 查 依 据
1	事故❶报告	1. 及时、准确、完整地报告事故。 2. 及时、准确、完整地报告事故。 3. 当出现新情况时,及时补报	1.【法律】《中华人民共和国安全生产法》 第八十三条 生产经营单位发生生产安全事故后,事故现场有关人员应当立即报告本单位负责人。 单位负责人接到事故报告后,应当迅速采取有效措施,组织抢救,防止事故扩大,减少人员伤亡和财产损失,并按照国家有关规定立即如实报告当地负有安全生产监督管理职责的部门,不得隐瞒不报、谎报或者迟报,不得故意破坏事故现场、毁灭有关证据。

---

❶ 生产安全事故是指在生产经营活动中发生的造成人身伤亡或者直接经济损失的行为。

检查方法	检查标准	处罚依据及标准	检查记录
1.通过资料审查、跨部门信息共享等方式，检查企业是否按规定上报事故。 2.通过资料审查和现场核查的方式，检查企业是否规范记录事故情况。 3.通过资料审查、跨部门信息共享等方式，检查企业事故补报（需要时）情况	1.企业应按规定上报事故，不得隐瞒不报、谎报或者迟报，不得故意破坏事故现场、毁灭有关证据。事故发生后，事故现场有关人员应当立即向本单位负责人报告；单位负责人接到报告后，应当于1小时内向事故发生地县级以上人民政府安全生产监督管理机构和负有安	1.【法律】《中华人民共和国安全生产法》 第一百一十条　生产经营单位的主要负责人在本单位发生生产安全事故时，不立即组织抢救或者在事故调查处理期间擅离职守或者逃匿的，给予降级、撤职的处分，并由应急管理部门处上一年年收入百分之六十至百分之一百的罚款；对逃匿的处十五日以下拘留；构成犯罪的，依照刑法有关规定追究刑事责任。 生产经营单位的主要负责人对生产安全事故隐瞒不报、谎报或者迟报的，依照前款规定处罚。 第一百一十一条　有关地方人民政府、负有安全生产监督管理职责的部门，对生产安全事故隐瞒不报、谎报或者迟报的，对直接负责的主管人员和其他直接责任人员依法给予处分；构成犯罪的，依照刑法有关规定追究刑事责任。	

序号	检查事项	检查内容	检 查 依 据
1	事故报告	1.及时、准确、完整地报告事故。 2.及时、准确、完整地报告事故。 3.当出现新情况时，及时补报	2.【行政法规】《生产安全事故报告和调查处理条例》 第九条　事故发生后,事故现场有关人员应当立即向本单位负责人报告;单位负责人接到报告后,应当于1小时内向事故发生地县级以上人民政府安全生产监督管理机构和负有安全生产监督管理职责的有关部门报告。 情况紧急时,事故现场有关人员可以直接向事故发生地县级以上人民政府安全生产监督管理机构和负有安全生产监督管理职责的有关部门报告。 第十三条　事故报告后出现新情况的,应当及时补报。自事故发生之日起30日内,事故造成的伤亡人数发生变化的,应当及时补报。道路交通事故、火灾事故自发生之日起7日内,事故造成的伤亡人数发生变化的,应当及时补报

检查方法	检查标准	处罚依据及标准	检查记录
	全生产监督管理职责的有关部门报告。情况紧急时,事故现场有关人员可以直接向事故发生地县级以上人民政府安全生产监督管理机构和负有安全生产监督管理职责的有关部门报告。 2.企业应规范记录事故情况,可包括相应事故报告、统计与处理台账。	2.【行政法规】《生产安全事故报告和调查处理条例》 　第三十五条　事故发生单位主要负责人有下列行为之一的,处上一年年收入40%至80%的罚款;属于国家工作人员的,并依法给予处分;构成犯罪的,依法追究刑事责任: 　…… 　(二)迟报或者漏报事故的; 　…… 　第三十六条　事故发生单位及其有关人员有下列行为之一的,对事故发生单位处100万元以上500万元以下的罚款;对主要负责人、直接负责的主管人员和其他直接责任人员处上一年年收入60%至100%的罚款;属于国家工作人员的,并依法给予处分;构成违反治安管理行为的,由公安机关依法给予治安管理处罚;构成犯罪的,依法追究刑事责任: 　(一)谎报或者瞒报事故的; 　(二)伪造或者故意破坏事故现场的;	

序号	检查事项	检查内容	检 查 依 据
1	事 故报告	1. 及 时、准确、完整地 报 告 事故。 2. 及 时、准确、完整地 报 告 事故。 3. 当出现新 情 况 时, 及时补报	

检查方法	检查标准	处罚依据及标准	检查记录
	3.当事故报告后出现新情况时,企业应按规定及时补报。自事故发生之日起30日内,事故造成的伤亡人数发生变化的,应当及时补报。道路交通事故、火灾事故自发生之日起7日内,事故造成的伤亡人数发生变化的,应当及时补报	(三)转移、隐匿资金、财产,或者销毁有关证据、资料的; (四)拒绝接受调查或者拒绝提供有关情况和资料的; (五)在事故调查中作伪证或者指使他人作伪证的; (六)事故发生后逃匿的	

序号	检查事项	检查内容	检 查 依 据
2	事故调查与处理	1.由企业自行调查的组织调查并撰写调查报告。 2.依法需要由主管部门组织调查的,配合调查工作	1.【法律】《中华人民共和国安全生产法》 第八十六条　事故调查处理应当按照科学严谨、依法依规、实事求是、注重实效的原则,及时、准确地查清事故原因,查明事故性质和责任,评估应急处置工作,总结事故教训,提出整改措施,并对事故责任单位和人员提出处理建议。事故调查报告应当依法及时向社会公布。事故调查和处理的具体办法由国务院制定。 事故发生单位应当及时全面落实整改措施,负有安全生产监督管理职责的部门应当加强监督检查。 负责事故调查处理的国务院有关部门和地方人民政府应当在批复事故调查报告后一年内,组织有关部门对事故整改和防范措施落实情况进行评估,并及时向社会公开评估结果;对不履行职责导致事故整改和防范措施没有落实的有关单位和人员,应当按照有关规定追究责任。 2.【行政法规】《生产安全事故报告和调查处理条例》 第十九条　特别重大事故由国务院或者国务院授权有关部门组织事故调查组进行调查。

检查方法	检查标准	处罚依据及标准	检查记录
1.通过资料审查、跨部门信息共享和现场核查等方式,查看企业是否按照要求组织事故调查,撰写事故调查报告,并及时向社会公开。 2.通过资料审查和现场核查的方式,检查企业事故报告、统计与处理台账,核查企业是否按规定对相关人员进行处理,对从业人员开展警示教育。	1.企业按照要求进行事故调查或者配合事故调查组进行调查。 2.企业自行调查的事故按照要求撰写事故调查报告,并归档保存。 3.对事故相关人员进行处理,并对事故相关人员进行培训教育,对从业人员开展警示教育,有相关台账或记录。 4.企业根据事故情况制定防范措施,并落实整改措施		

序号	检查事项	检查内容	检 查 依 据
2	事故调查与处理	1. 由企业自行调查的组织调查并撰写调查报告。 2. 依法需要由主管部门组织调查的,配合调查工作	重大事故、较大事故、一般事故分别由事故发生地省级人民政府、设区的市级人民政府、县级人民政府负责调查。省级人民政府、设区的市级人民政府、县级人民政府可以直接组织事故调查组进行调查,也可以授权或者委托有关部门组织事故调查组进行调查。 未造成人员伤亡的一般事故,县级人民政府也可以委托事故发生单位组织事故调查组进行调查。 第三十条 事故调查报告应当包括下列内容: (一)事故发生单位概况; (二)事故发生经过和事故救援情况; (三)事故造成的人员伤亡和直接经济损失; (四)事故发生的原因和事故性质; (五)事故责任的认定以及对事故责任者的处理建议; (六)事故防范和整改措施。事故调查报告应当附具有关证据材料。事故调查组成员应当在事故调查报告上签名。 第三十三条 事故发生单位应当认真吸取事故教训,落实防范和整改措施,防止事故再次发生。防范和整改措施的落实情况应当接受工会和职工的监督

检查方法	检查标准	处罚依据及标准	检查记录
3.通过资料审查的方式,检查企业是否制定事故防范和落实整改措施。 4.通过现场核查、座谈询问等方式,检查从业人员是否掌握事故教训及防范和整改措施			